Ortrud Grön

Leben ist eine Kuh,
die dauernd ihr Euter füllt

Ortrud Grön

Leben ist eine Kuh, die dauernd ihr Euter füllt

Weisheiten aus Träumen

EHP 2008

Leben ist eine Kuh, die dauernd ihr Euter füllt

Mit diesem Gedanken wachte ich aus einem Traum auf – schmunzelnd und nachdenklich spürte ich dem Satz nach und überlegte, wie das gemeint sein könnte. In meinem Buch ›Pflück Dir den Traum vom Baum der Erkenntnis – Träume im Spiegel von Naturgesetzen‹ habe ich mich mit der Gleichnissprache der Träume auseinandergesetzt. Was will mir der Traum im Bild der Kuh nahe bringen? Kühe sind Wiederkäuer, die ihre Nahrung durch vier Mägen intensiv verdauen. Ihre Nahrung besteht aus vielen kleinen Wiesengräsern, die sich das Sonnenlicht hereinholen, um wachsen zu können. Ich denke, sie gleichen damit den vielen kleinen täglichen Bewusstwerdungsprozessen, die wir durchlaufen und auch wiederkäuen müssen, um Nahrung für neues lebendiges Leben aufzunehmen.

In diesem Büchlein habe ich die Früchte versammelt, die mir als fertige Texte in Träumen geschenkt wurden. Während ich mit den kurzen Texten aufwache, sind die langen Texte die Früchte eines intensiven inneren Hörens und Fragens in der Nacht. Diesen Prozess, sowie das Entstehen der von mir aus dem Unbewussten gemalten Bilder habe ich am Ende dieses Buches in ihrer Dynamik beschrieben.

𝒟as Herz des einzelnen Menschen auf der Suche,
das große Herz der Welt zu finden.

𝒥n jedem Menschen ist ein göttliches Du, das mit uns spricht.
Es ist die Sprache des Traumes und manchmal sind es keine Bilder,
die wir gleichnishaft lösen müssen, sondern klärende Texte,
aphoristisch geformte Gedanken zum Leben.

Leben ist nicht lustig,
sondern es ist lustvoll.

Leben ist nicht Lachen,
sondern lachendes Leben.

Leben ist anders, als du dachtest.
Du bist von der Arbeit darangegangen,
gehe nun mit dem Wunsch zu leben daran.
Denn Leben ist Liebe und nicht Fleiß.

Leben will nicht, dass die Ängste bleiben zu leben,
sondern dass die Ängste lehren, zu leben.
Leben will nicht mehr so verloren gehen.
Leben will nicht mehr so traurig sein.
Leben will nicht mehr so verletzt werden.

Leben will das alles nicht,
Leben will wahres Leben sein.
Und darum sagt das Leben zu dir:
›ICH bin das Leben, für das du dich entscheiden sollst.‹
›ICH bin das Leben, das du erlösen sollst.‹

Und es sagt dazu:
ICH will dich nicht aufhören lassen, mich zu suchen.
Aber wenn du dich nicht entscheidest, leben zu wollen,
bleibe ICH in dir als Tod.

Du bist du, du musst mich suchen.
Denn ICH bin ICH, das Leben.
Du und ICH sind die besten Freunde,
die sich finden können.

1. Sinnsuche

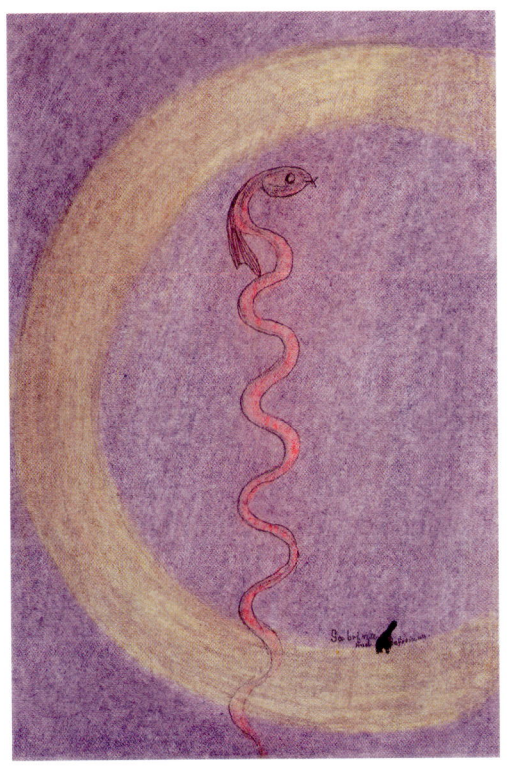

Ich kann nur richtig gehen, wenn meine Bedürfnisse erfüllt sind.

Wenn der Mensch das Wesen ist,
das sich dieses Leben bewusst machen soll,
dann muss es eine Brücke geben,
über die wir gehen können!
Eine Brücke zwischen dem uns bewussten und dem unbewussten Leben.
Gott lockt uns auf diesen Weg.

Der Weg zwischen Kollektiv und Einzelnen ist der Weg.

Aus seinem Bedürfnis heraus hat der Mensch die Sehnsucht nach Befriedigung der Gefühle. Das ist der Motor.

Die Selbstheilungskräfte des Menschen beruhen auf dem Gesetz der Harmonie.
Harmonie aber kann der Mensch nur in sich selbst erzeugen.
Er bekommt sie nicht von außen.
Er muss dazu Ängste auflösen lernen.
Angst ist das Thema der Welt

Widerstände sind Hilfen, die die Menschen von MIR bekommen, um sich tief genug mit bestimmten Angelegenheiten zu befassen. ICH kann die Menschheit nur durch diese Hilfen in eine andere Denkrichtung bringen. ICH bin nicht nur der ›Liebe Gott‹, der alles richtet, sondern der Gott, der den Menschen Bewusstsein bringt.

Es gibt Widerstände, die dazu da sind, nicht zu handeln, sondern abzuwarten. Und es gibt Blockierungen, die sich nur auf die suchende Kraft im Menschen auswirken sollen:

Dazu gehört das Müdewerden im Augenblick.

Dazu gehören die Unklarheiten im Gefühl.

Dazu gehören die Zweifel.

Dazu gehören die Unsicherheiten.

Dazu gehören seichte Gefühle und Stimmungen.

Dazu gehören negative Gefühle.

Dazu gehören körperliche Widerstände.

*E*s geht um die Offenbarmachung vom Sinn allen Lebens.
Wir alle sind Gottes Kinder, die sich auf den Weg in die Wahrheit
begeben können
und es aber auch sein lassen dürfen.
Sie entscheiden sich jeder für sich allein.

Und alle gehen den Weg, der in die Wahrheit führt,
die in jedem Herzen eine Heimat hat.
Jeder Mensch ist im Kern göttliche Liebe.

Daraus aber ergibt sich für die Menschheit die Frage, wer eigentlich lernen will, sich selbst zu erlösen. Da gibt es Menschen, die haben dazu die Kraft und die Liebe, und da gibt es Menschen, die sind einfach nur unterwegs, ohne sich Gedanken um das Leben selbst machen zu wollen.

Erläuterung zum Bild ›Zwiespalt‹

Das kleine Füllhorn gebärt einen Fisch – das Gleichnis für ein Bedürfnis, das zu einem bewussten Wunsch aufblühen soll: Das ist die Blüte.

Die Schlange – das Gleichnis für den Lebenstrieb – soll diese Entwicklung vorantreiben.

Doch das Kind fürchtet sich vor den Widerständen in seiner Umwelt und wendet sich ab – es verdrängt sein Bedürfnis ins Unbewusste.

2. Zwiespalt

Wir sind auf der Erde, um glücklich werden zu lernen
und nicht zu resignieren.

$\mathcal{D}$ie Wurzeln von Verhalten, das unfrei ist, sind die Ängste.

$\mathcal{D}$ie Ängste lehren zu leben.

$\mathcal{E}$rkenne, wo Leben noch verletzt wird. Sonst kannst du nur unreflektiert dein Dasein fristen. Du wartest dann kreuzschwer auf das, was kommt.

$\mathcal{E}$s geht um Bedürfnisse, die, wenn sie dann bewusst werden, Schwierigkeiten machen.

$\mathcal{E}$s gibt den Weg des Widerständigen,
der den Menschen erst zu dem macht, was er ist.

$\mathcal{E}$s ist der Wille des Menschen nötig,
um sich aus dem Widerstand zu lösen
und sich seine Perspektiven zu erarbeiten.

$\mathcal{I}$n den Störungen bringt das Leben Nicht-Leben zum Ausdruck,
wir brauchen sie, um Leben zu erkennen.

$\mathcal{D}$er Dreh- und Angelpunkt in der Welt
sind Ambivalenzauflösungen
auf dem Weg in die Harmonie.

Ambivalenzen sollen nicht stehen bleiben,
ständige Ambivalenzen stören Dich.
Sie sind die Aufforderung zur Entscheidungssuche.
Die Störung, die aus der Wurzel des Übels kommt,
muss beseitigt werden,
sie kommt immer aus der Kindheit.

$\mathcal{A}$us jeder Reaktion im menschlichen Leben werden Anteile
und Ambivalenzen zum Leben sichtbar und alle lösen so differenzierte Gedanken aus, um das Leben greifen zu können.

Täuschungen sind ja nicht dazu da, dass sie um ihrer selbst willen kommen, sondern sie haben einen befreienden Sinn. Sie können nicht anders verarbeitet werden, als die Täuschung aufzulösen. Die Täuschung provoziert die Enttäuschung, die sie beinhaltet.

Es sind die disharmonischen Gefühle, die den Weg öffnen. Sie sind nur dazu da, auf der Suche den göttlichen Kern des Menschen freizulegen.

Wir sind so programmiert, dass wir auftretende Störungen in uns durch eigene Entscheidungen auflösen müssen, um in Harmonie mit uns selbst zu sein.

Wie finde ich das Leben in mir?
Ich muss mich auf den Weg machen, zu suchen, wo das Leben sich in mir verbirgt.

Wie erkenne ich den Weg?
Ich muss alles, was in mir unangenehme Gefühle und Gedanken erzeugt, ausspucken wollen, denn sie sind die Ursache dafür, dass ich nicht wirklich lebe.

Wie kann ich dann ausspucken?
Ich trenne mich in Gedanken von Verhaltensmustern, die mir unangenehmes Leben verursachen, und suche danach sofort, bei welchem Gedanken sich neues Leben in mir regen will. Ich folge den kleinsten Impulsen, bei denen sich Hoffnung wie Flügelschlagen in meinem Herzen ausbreiten möchte, ohne sich aber schon wirklich ausbreiten zu können.

Wenn es mir nicht gut geht, frage ich mich gleich:
›Was mache ich falsch, wie kann ich es richtiger machen?‹

Ambivalente Gefühle sind nur durch Wiederholungen aufzuarbeiten.

*Z*um Zeitdruck:
Die Zeit wird von Leben bestimmt.
Keine Zeit gehabt haben, um leben zu können,
ist sündiger als anderes.
Meine Leiche ist meine Vorstellung, dass ich keine Zeit habe, um zu leben.
Ich bin immer auf der Suche nach Pflichten.
Die Pflichten sind mein Heuschreckenschwarm.

Die Zeit ist eine Hure, wenn aus ihr Zeitdruck wird. Sie lässt sich ein, ohne Leben bewahren zu wollen.

*U*nter dem Pflichtgefühl lebt noch eine andere Schicht,
die es zu erreichen gilt.

*L*ebendiges Leben ist nicht möglich,
wenn die Empfindungen neutralisiert werden.

*D*u sollst gegen den Schmerz
deine Liebe zu dir entwickeln.

3. Freiheit

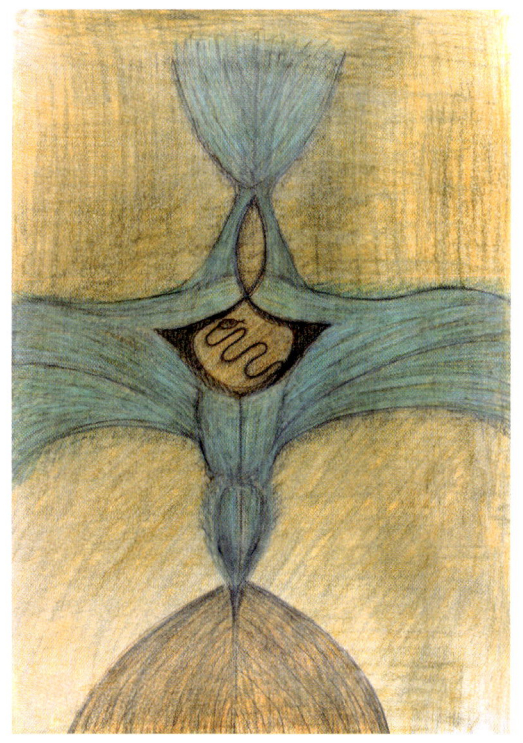

Liebe zu dem eigenen Wesen
ist ohne Freiheit nicht am Leben.

*E*s geht darum, lebensnahe Gedanken zu empfangen.

*F*reiheit ist kein absolutes Sein,
sondern sie ist die Befreiung von dem,
was uns kein Leben bringt.

*N*ur die Liebe zu befreiten Gefühlen
löst die Täuschungen von Leben auf.

*F*reiheit ist nicht bindungsloses Beieinandersein,
Freiheit ist die Entscheidung für das, was ich als Bindung leben
möchte.

*V*iele Menschen sind noch nicht soweit, dass sie das Leben lieben,
als etwas, das Freiheit ist. Sie lieben das Leben noch unfrei.

*W*oran merkst du, dass etwas nicht stimmig ist?
Daran, dass die Freiheit zu klein geblieben ist.

$\mathcal{I}$ch verhalte mich durch Unverhalten.
Das hast du nur ausgehalten, indem du dir die Wünsche verboten hast.

$\mathcal{W}$ir haben aber keine Orientierung, solange es den Wunsch nicht gibt, mit dem wir unsere Sehnsucht nach Freiheit füllen.

$\mathcal{J}$ede Unfreiheit beweint verlorenes Leben. Denn ist nicht der ganze Weltenschmerz in der Seele der Unfreien?
Sind nicht alle Tränen der Welt in der Seele der Unfreien?

$\mathcal{B}$edürfnisse umsetzen, das ist es.
Es ist die Suche nach der Kraft, die mir gerade wichtig wird.

$\mathcal{E}$s ist das Leben, das dich so winden muss,
es geht nur gegen den Widerstand.

$\mathcal{B}$ewusstes Leben entwickeln. Bewusstsein suchen durch Instabilität und Disharmonien.

*E*ntschiedenes Denken ist es.

*D*er befreiende Gedanke, der mir Lebensgefühle verspricht,
die meiner Sehnsucht nach eigener Lebendigkeit entspricht,
ist der Wegweiser in mein Glück.

*G*edachtes mit den Gefühlen verbinden. Du kannst deine
eigenen Entscheidungen über diesen Steuermann suchen gehen.
Du kannst dich von Gefühlen und Gedanken und von deinen
Bedürfnissen führen lassen und dich entscheiden lernen.

Denn Gefühle und Gedanken sind Zwillinge. Sie haben eine
gemeinsame Seele.

*E*motion und geistige Erkenntnis gehen zusammen.

Die emotionale Welt ebnet der geistigen die Wege.

*D*ie eigenen Gefühle zu klären ist der Weg,
wir können ihn nur gehen, wenn wir uns zur Befreiung aufmachen.

*E*s ist viel Kraft in uns, wenn wir es schaffen können,
auch die kleinsten Dinge mit Sensibilität für uns selbst zu tun.

*F*reiheit ist keine Erkenntnis, sondern ein Zustand.

*F*reiheit ist offen sein, ohne überflutet zu werden.

Zum Kommunismus:

Es sind die tödlichen Gefühle in einer Gesellschaftsordnung,
in der der Staat jegliches Eigentum unterbindet.
So ist es aber nicht nur.
Es ist auch die bürokratische Ordnung ohne jeden ethischen Hintergrund.
Es ist das Gemeine im Menschen, was dann anfängt, sich zu regen.
Die Unfreiheit ist das Todesurteil für jedes gesellschaftliche Glück:
Es ist so, dass es sich auf keinem Gebiet richtig entwickelt,
wo sich die Unfreiheit einnistet.
Unfreiheit ist der Nährboden für die resignativen Gedanken.
Es ist der Nährboden für die erschlaffenden Kräfte im Menschen.
Es ist der Nährboden für die Verantwortungslosen
und für die, die sich die Macht der Bürokraten angewöhnen, um die anderen zu beherrschen,
denn herrschen ist ein wenig freier als beherrscht zu werden.
Es ist die Gesellschaft, die den Boden abgibt für die
Unlust am Arbeitsplatz
und für die Bespitzelung, damit es allen gleich schlecht geht.
Du bist der letzte Mensch, der das nicht versteht.
Und doch ist es wichtig, dass es immer noch bewusster
in den Menschen wird;
Es ist ein großes Glück, dass es noch andere Gesellschaftsformen
gibt, die das zeigen.

4. Lebensgestaltung und Kreativität

Wünsche sind der Durchgang vieler Gefühle.

*B*ild der Erde

Ich bin die Erde, die ich öffnen helfe
und denke über die Erde nach.
Es ist noch viel zu tun, bis ich den Weg so winde, dass ich es auch tief genug tue.
Ja, ich bin die Erde, die ich öffnen möchte
und ich lerne es nach und nach, in die Tat umzusetzen, dass die Erde sich nur dadurch öffnet, dass ich meinem Herzen Gefolgschaft leiste.
Es ist der Weg in das Glück des Einzelnen dies zu tun, um es immer neu zu erfahren, dass ich die Erde bin.
Und dass Erde die Kraft ist, dem Herzen Ausdruck zu verleihen.
Ich bin die Erde, die ich öffnen lerne. Und so geht es in dieser Weise einer neuen Zukunft entgegen.
Lass es kommen.
ICH bin bei Dir
Und es ist der Weg in die neue Zukunft, so zu fühlen und zu denken.
Ich bin die Erde, die ich öffne und bestelle wie das Feld und die Früchte.

*D*as Glück ist die Liebe,
die Liebe aber ist das Schöpferische.
Es ist der Felsen, den du jetzt auflösen sollst.

Mit der Zwei-Wege-Erkenntnis pflügen

Etwas erkennen und sich verwandeln ist zweierlei.
Es geht immer darum, wie sich unser Geist seine Wohnung einrichtet.

Es geht nicht um das Materielle,
sondern um das seelische Glücklichsein.
Es ist der Weg in die schöpferische Freiheit.

Das Gefühl der Freiheit finden wir,
indem wir unsere Ängste zu leben, selbst auflösen
und nie aufhören, uns zu befreien.
Das Gefühl der Liebe aber quillt aus dem innigen Wunsch, mich in
der Liebe Gottes als einmaliges Geschöpf zu erkennen und mich
in vielen Gestalten erschaffen zu wollen.

Der Weg besteht aus den Steinen der Vergangenheit,
die es aufzulösen gilt.
Lebensimpulse aber können untergehen, wenn wir uns nicht von
ihnen ermahnen lassen.

*D*as Lebensgefühl ›sich erfreuen zu wollen‹ liebt
das Schöpferische gegen die Angst der Kindheit, mich so wichtig
nehmen zu wollen.

*D*u musst lernen, deine eigenen Bäume zu pflanzen.
Du brauchst mehr Innigkeit für dich selbst und musst es üben,
dich selbst zu lieben mit dieser innigen Kraft deines Herzens.

5. Liebe zu Wünschen

Es ist der Weg der Liebe in die eigene Seele.

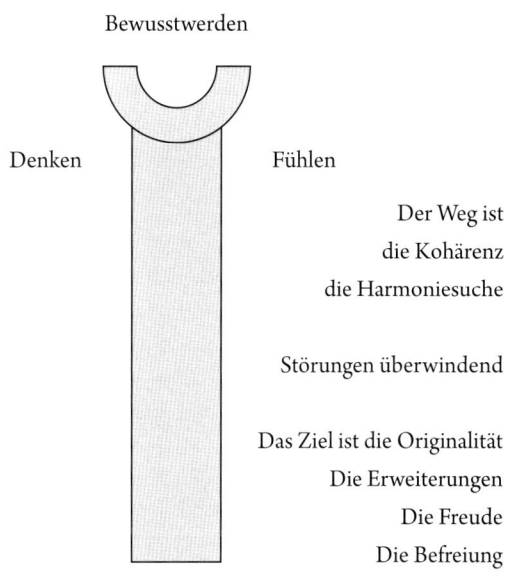

Bewusstwerden

Denken　　　　Fühlen

Der Weg ist
die Kohärenz
die Harmoniesuche

Störungen überwindend

Das Ziel ist die Originalität
Die Erweiterungen
Die Freude
Die Befreiung

Es ist der Weg in die Liebe zum Herzen von Leben

Ich bin die Wünsche, die ich verwirkliche.
Es ist kein Wunsch im Herzen des Menschen,
der nicht den Weg weist in das Glück.
Glück ist die Liebe zum Leben,
ist das befreite Leben.
Ich suche einen Wunsch, der mir Leben gibt:
Leben in einer Weise, wie Kinder: ohne Angst vor den
Wünschen, die in ihrem Herzen sind.
Das Herz weiß im Geheimen immer, was ich brauche, um mich
frei fühlen zu können: Hätte ich doch einen Tag,
an dem ich alles tun kann, was ich möchte.
Hätte ich doch den Mut, nicht tun zu müssen,
was man von mir erwartet,
sondern zu tun, was sich mein Herz wünscht.
Hätte ich doch die Liebe zu mir, mir einen Wunsch zu erfüllen,
der mein Herz befriedigt.
Ich bin der Wunsch, den ich verwirkliche.
Wünsche sind Leben – sie sind der Samen, ich bin der Gärtner.
Ich bin der Gärtner meiner Wünsche.
Meine Wünsche sind die Blüten, die mit ihren Farben
Und mit ihrem Duft werben,
von einem anderen wahrgenommen zu werden.

Lieben ist so leicht nicht, der Mensch ist darin der, der sich ständig häuten muss.
Nur die Liebe zu befreiten Gefühlen löst die Täuschungen von Leben auf.

Die Brücke von den falschen Gefühlen zum neuen Fühlen ist die Liebe. Sie entgiftet sich selbst.

Die Liebe ist die Exaktheit im Detail und dabei geht es um das Vertrauen in die harmonische Welt.

Lieben ist so leicht nicht:
Es geht um soviel mehr, als nur Genauigkeit für den anderen zu finden. Es ist auch die Genauigkeit, die ich für meine eigenen Wünsche habe.

Du kannst es jetzt erkennen, dass die Wege der Liebe sehr schwer sein können und müssen, um Leben zu lieben.

*M*enschen erwachen im Zeichen der Liebe,
aber schreiten aus im Zeichen der Macht.
Wenn Macht zur Liebe finden würde, gäbe es Frieden.
Denn Liebe öffnet sich dann dem Gegner in neuer Weise. Es geht
nicht darum, den anderen zu besiegen, sondern seine Kreativität
zu öffnen.

*E*inander so zu lieben, dass das Vertrauen wächst, sich zeigen zu
können mit dem Wunsch zu leben.

*E*s gibt den Weg der Freude an sich selbst, wie es den Weg der
Freude am anderen gibt.

*E*s ist die Welt der kleinen Dinge, es ist das innige Fühlen der
vielfältigen Ganzheit.

*E*s ist ohne Sinnenlust keine Liebe möglich.

In der Sexualität werden die Gefühle bestäubt. Sie reichen von der Schärfe der Verletzungen bis in die empfindlichsten Gefühle der Liebe und werden im Prozess von der Antwort geformt.

Wenn der Honig kommt, ist es Leben.

Das ist der Weg der inneren Gewissheit, auf dem Weg zu sein, der mit uns selbst übereinstimmt.
Es kann dann kein irrtümliches Denken entstehen.
Nur die Menschen, die sich auf den Weg machen, dem Wunsch zu folgen, der im Herzen den Ort erkennt, in dem Wünsche aufblühen, und die dann nicht ausweichend die alte Sicherheit suchen, können es übernehmen, der Welt einen neuen Weg zu zeigen.

Leben ist auch in dir dabei, eine Heimat finden zu wollen.

6. Wahrheit und Aggressionen

Du kannst deine aggressiven Kräfte
nur dadurch in Liebe verwandeln,
dass du dem anderen die Wahrheit so sagst,
dass er sie annehmen kann.
Das ist Liebe. Du kannst es nur tun,
wenn du Liebe schenken willst. Das ist Liebe.

*M*ehr Selbstverständlichkeit entwickeln, das zu sagen,
was ich fühle, bis alles bereinigt ist.

*D*u weißt noch nicht, dass Liebe eine Auseinandersetzung ist,
bei der jeder den anderen versteht.

*M*itleid hilft nicht. Der andere braucht meine Wahrheit genauso
wie ich, um gesund zu werden. Ich werde anderenfalls schuldig.

*S*chwachstellen in der Kommunikation sind wie Pferde,
die sich verbeißen.

*E*s ist der Gedanke, dass ich nicht durch Schweigen zeige,
wer ich bin. Es ist nicht der Weg des Schweigens, sondern der Weg
zu formen.

*W*asserdichtes Reden ist keine Hilfe.
Was spricht dafür? Was spricht dagegen? Das ist die richtige
Frageweise.

$\mathcal{E}$s ist die Direktheit in der Aussage, die intimen Bekenntnisse.

$\mathcal{E}$s geht darum sich zu erlauben, das Inwendige zu zeigen.

$\mathcal{E}$s gibt Menschen, die haben keinen Ehrgeiz, präsent zu sein, denn wenn sie präsent wären, müssten sie die Leere erkennen, mit der sie sich erleben.
Wir können ihnen helfen, ihre eigene Vergangenheit zu erinnern, bis sie den Schmerz erreichen, der das Gefühl versteinert hat.
Manche wollen den Schmerz durch Aggression überwinden, aber ihn nicht auflösen. Sie können es nicht begreifen, dass der Schmerz eine Funktion hat, damit der Mensch nicht vergisst, den Stein aufzulösen, dass er nicht bleibt.

$\mathcal{E}$r hat sich nicht bewusst gemacht, dass das Aggressionen sind, die uns allen innewohnen.
Wir müssen sie alle beherrschen lernen, indem wir sie umdenken in die Liebe zur Wahrheit.

$\mathcal{A}$lle Grausamkeit auf der Welt ist ein Nicht-Wissen.
Der Mensch übersteigt die Natur durch Liebe.

𝒲ir sollten alle Hilfe geben, wenn es um die Helfer geht,
die keine Mühe scheuen, Unrecht zu bekämpfen.

𝓗inter jeder Aggression liegt ein verletztes Gefühl.
Der Mensch muss es aushalten, dass der Hass keine Brücken baut.
Der Mensch kann den Hass herauslassen, er muss ihn aber nicht so
erleben wollen, dass er sich ergießt, sondern er muss ihn so erleben
wollen, dass er ihn nicht erleben will, sondern in der gleichen Kraft,
wie er hasst, lieben will.

𝒟u hast deine aggressiven Kräfte ohne Humor benutzt.
Dir kommen die humorigen Einfälle nicht von alleine. Du musst
es wünschen, dann findest du den Weg. Es ist eine liebevollere Art,
den Menschen die Wahrheit zu sagen.

𝒟ie Grenzen meiner Sprache sind die Grenzen meines Wirkens.

7. Ängste und ihre Wurzeln

Ich bin den Weg der Herde gegangen,
nun kann ich den Weg des Einzelnen gehen.

𝒟as ist der schmerzliche Prozess der Wiederholungen, der zur Selbstbefreiung führt.

𝒱iele Menschen sind zwar keine Kinder, aber auch nicht erwachsen.
Sie sind in der Liebe nicht weit gekommen, sie sind darum kränkend und kränkbar geblieben. Es sind keine Menschen, die genau genug sind, um Täuschungen von Leben unbarmherzig gegen sich selbst auflösen zu wollen und sind sich oft nicht bewusst, dass ihre Freiheitssuche keine Freiheit, sondern vielmehr eine Gegnerschaft ist.

ℰs geht darum, in einen tiefen Erdschacht einzusteigen.
Die Engigkeit, durch die wir hindurch müssen, ist furchtbar.
Eine Türe geht dort unten dann auf.
Dort ist eine Totenkammer, die jetzt archäologisch untersucht anmutet,
als ob wir alte Grabstätten aufmachen.
Ich spreche laut aus: ›Bitte, bitte, lass mich leben.‹

ℒangsam zur Quelle nach hinten vorarbeiten.

$\mathcal{A}$us dem Sichtbaren das Unsichtbare ableiten.

$\mathcal{E}$in gutes Fühlen, es suchen mit der Erkenntnis des Todes.

$\mathcal{E}$s waren die Triebe aus der Vergangenheit,
Er hat seine Kindertriebe nicht erkannt.
Er ist nicht in der Lage, sich zu häuten, wenn er nicht
in die eigene Not als Kind geht.

$\mathcal{I}$ch bin nie einsam, wenn ich nach der Wahrheit in mir suche.

$\mathcal{L}$eben ist nicht nur das, was du wieder erinnerst,
es braucht noch ein Gefühl, das dich >Ich bin ich<
werden lässt.
>Ich bin ich< soll ergänzt werden mit dem
schöpferischen Selbst, das sich nicht getraut hat zu leben.

𝓑ernstein ist es, es ist nicht die Trauer des Baumes über sich, sondern es ist die Fülle, die den Baum verlassen hat.
Die Fülle seines Lebenssaftes, weil er verletzt wurde.
Sie ist das große Zeugnis der Vergangenheit.

𝓓ie Zufriedenheit ist der Weg in das Glücklichsein.
Zufrieden ist aber nur der Mensch, der sich aus dem Widerspruch der Gefühle befreit und die zufriedenmachende Seite gewählt hat. So knüpft ein Mensch seinen Lebensfaden, der ihn zu seiner Identität hinführt.

8. Vitalität

Drei Eigenschaften muss man sich erworben haben:
Neues Leben suchen,
nicht essen, was nicht schmeckt,
reiten.

$\mathcal{D}$as, was mir Halt gibt, ist der Widerstand gegen das Lebendige.
Und dann muss ich den Widerstand durchbrechen,
um neues Leben zu finden.
Das ist der Same.

$\mathcal{M}$eine Erkenntnisse in meinen Gefühlen und Gedanken
brauchen das Handeln, das dazu stimmig ist.

$\mathcal{T}$abus sind meine Chance.

$\mathcal{E}$s ist der Felsen, den du jetzt auflösen sollst.
Es ist dir noch nicht gelungen.
Es ist aber keine Gefahr mehr,
Doch es verlangt von dir immer wieder die neue Suche
nach der einfachen Weise zu leben.

$\mathcal{E}$s ist zu wenig Kraft in uns, wenn wir nicht bewusst versuchen,
unsere vitale Freude zu sein. Sie zu suchen ist der Weg in eine neue
Freiheit.

*E*s ist nicht mehr zu sagen, als dass es solange dauert, bis es keine
Unfreiheiten mehr aufzulösen gibt.

*D*ie Liebe zu befreiten Gefühlen ist das Boot für die neuen
Gefühle.

*D*u hast es ja ganz neu gemacht,
du bist ja gar nicht mehr weit weg von dem Glück.
Lass es nicht wieder versinken.
Ja, es ist das Reiten in der Welt.
Du musst es erst lernen.
Du hast es verstanden:
Es ist der vitale Ausdruck und das ist der Weg.

*I*ch habe immer wieder um die Verbindung
von Sonne und Mond in mir gekämpft.

*I*ch will es schaffen, dass es sich in mir nicht anders anfühlt
als so, wie ich in Wahrheit bin.

Es geht um den Wandel und die Kraft sich zu wandeln –
die Frucht des Lebens ist süß.

Leben von dem, was Spaß macht.
Freude macht wach.

Es ist der Weg einer neuen Beziehung zum vitalen Leben.
Ja, es ist der Genuss des sinnenkräftigen Daseins
und das ist mit ständiger Bewegung verbunden.

Es ist nur die Sinnenlust, die die vitalisierende Wirkung ausmacht.

Es geht dir nur dann gut, wenn du die leichte Art zu leben
gefunden hast.

9. Glück

Ich bin vom Glück heimgesucht worden.

Versuche die Welt aus dem Blickwinkel der Heiterkeit zu sehen.
Du musst dich nicht anstrengen, sondern nur bereit sein,
dich zu distanzieren, zu betrachten und lächeln zu wollen.

Heiterkeit ist die Lust, nicht zu leiden,
sondern zu lachenden Gefühlen zu kommen.

Heiterkeit muss etwas sein, das aus dem Herzen kommt.

Es sind die Heiteren, die die Welt aufmerksam machen
auf die Kraft des Geistes.

Es geht in der Welt überhaupt nur um die Frage,
wie ich glücklich werden kann.

Glücklich ist der Mensch, der sich erfüllen kann,
was sein Herz sich wünscht.

Glück ist die feinstoffliche Erfüllung.
Dazu musst du das Leben lieben lernen als geistiges Leben.
Das ist dein neuer Weg:
Glück als geistiger Weg.

Ich kann nur Glück haben< ist nicht der richtige Weg.
Ich muss ihn gehen als den Weg des Glücks.
Das Glück ist kein Zufall, sondern ein Bewusstsein.
Ich bin der Weg des Glücklich-werden-Wollenden.

Die Liebe ist der Weg in das Spirituelle.

Lieben ist der Weg zur Freiheit und zum Schöpferischen.

Es geht nicht darum, das Lebendige zu überwinden,
sondern zu gewinnen.
Und das braucht den Dialog mit MIR.

10. Reine Welten

Gehe in deinen Traum, den ICH dir träume.

𝒟ie Welt ist das Bilderbuch, in dem die Menschen lesen lernen
können, um den Geist Gottes zu suchen.

ℰs ist der Weg, sich in der Fülle der Natur nicht einsam,
sondern mit allen verbunden zu fühlen.

𝒢ott kann nicht nur gefühlt,
sondern muss auch gedacht werden dürfen.

𝒲ir können uns nur winden, wenn uns bewusst wird,
dass es Gott gibt, der in jedem Herzen eine Heimkehr zeigt.
Es ist die Heimkehr in das Reich des Lichtes, in das Reich der
sinnlichen Wahrnehmungen.

ℰs ist nichts heilig an sich –
alles wird heilig durch den sinnvollen Gebrauch.

𝓘ch bin in der Nähe des Tores zur Liebe der Welten.
Es ist der Weg in die neue Zeit, in der die Liebe sich entwickeln kann.
Lass es neu werden in dir
und sei auch entschlossen genug, damit du die Liebe zu MIR wirklich lebst
und es kein Papiertiger wird.

𝓔s ist der Weg in die neue Freiheit.
Es ist der Weg in die Liebe zum Herzen von Leben.
Ja, ich will es immer wieder suchen,
dieses Gefühl der süßen und innigen Verschmelzung mit dem Herzgrund.

𝓦ir bedrohen unser Leben nicht, wenn wir Güte leben lernen.

*E*s ist der Wille des lebendigen Gottes,
dass es neues Leben in der Welt gibt
Es gibt den Weg des Widerständigen,
der den Menschen erst zu dem macht, was er ist
ER ist der Inhalt alles Lebendigen
ER nur hat die Macht und die Liebe,
das Leben zu beschützen
ER ist im Menschen das Licht.
ER ist im Menschen der Widerstand gegen das Lebendige
ER ist die Liebe
ER ist der Weg in die neue Zeit
Es ist schon das neue Zeitalter, das du jetzt anfängst zu sein.
Lass es kommen und sehe den Wind,
wie er von Osten herkommt
und fühle den neuen Weg.
Reibe dich und lege dich in die Welt der Winde.
Lass es wieder und wieder geschehen
Und freue dich an dem Bild der neuen Zeit
Es ist der Weg in das Heilige Herz
Es ist der Weg in die Lehre von der Entscheidung für die
harmonische Lebensweise.

*E*s ist der Wille des Menschen nötig, um sich aus dem
Widerstand zu lösen und sich seine Perspektive herauszuarbeiten.

*E*s ist das Denken mit Gott
Das Leben ist es
Das Leben in seiner Person als das neue Wissen vom Leben
Ja, es ist der direkte Dialog mit dem Gott, der in jedem Menschen eine Wohnung für sich erschafft.
ER muss es leisten.
Aber der Mensch muss es auch leisten.

*R*eine Welten werden erst verstanden, wenn die Welt sich gewandelt hat

Du bist du.
ICH bin ICH,
Du kannst es nicht verwechseln, da es mehr nicht gibt.
ICH bin dein Selbst.
ICH bin das Selbst von allen Menschen.
ICH bin das selbstgelebte, geliebte Leben.
ICH bin das ganze All.
ICH bin das Ganze.
ICH bin dein lebendiges Selbst.
ICH bin das, was du sein möchtest, aber noch nicht bist.
ICH weiß, dass ich dir oft weh tue, aber das geht nicht anders.
ICH will dir nicht das Leben schwer,
ICH will es dir leichter machen.
Du sollst es dadurch lernen.

Die Botschaft setzte sich in einer anderen Nacht fort:

Es ist nicht mehr so schwer, wie es war. Du bist jetzt nicht mehr so taub und so ängstlich. Aber nur zuhören geht nicht.
ICH fühle mich nicht in dich hinein, um dich zu füllen,
sondern um dich anzulocken.
ICH will es dir nicht schwer machen, aber du hast dich noch nicht genug dem Leben geöffnet. Du musst dich mehr öffnen und dich trinken wollen.
ICH bin deine eigene Seele.

ICH bin deine eigene Lust.
ICH bin deine eigene Freude in dir.
ICH bin ICH und
du bist du.
ICH bin das Leben.
ICH bin der Tod.
ICH bin dein Gott in dir.
ICH bin dein Gott – ICH bin ein Gott in dir.
ICH bin Millionen und Billionen Götter

Rückblick

Träume sind dramatische Dichtungen zu unserer Schwierigkeit zu reifen. Sie beschreiben die Aufgabe des Menschen, zum Gärtner seiner Wünsche zu werden und sich gegen alle Widerstände bewusst zu machen, wie er seine Ängste auflösen kann, die ihn in Widersprüchen festhalten.

Ängste sind das Thema der Welt. Durch Ängste reift der Mensch zu neuen Erkenntnissen, vorausgesetzt, er stellt sich diesen Ängsten und will sie überwinden. Als Kinder entwickeln wir notgedrungen Schutzhaltungen, um Angstsituationen zu vermeiden. Erwachsen geworden, können wir erkennen, dass diese Schutzhaltungen zwar Sicherheit versprechen, aber in Wirklichkeit Täuschungen sind, die das Leben einengen.

Es geht darum, mutig zum eigenen Fühlen und Denken zu stehen und den Durchgang durch die ›Engigkeit‹ aus Ängsten zu finden, um zur wahren Lebenskraft zu gelangen.

Die eigenen Gefühle ›trinken‹, sie tief im Inneren genießen zu wollen, das ist der Weg in das Geheimnis– ›in die Liebe zum Herzen von Leben‹.

Die Traumtexte dieses Büchleins sind in einer Sprache zu mir gekommen, die nicht unbedingt immer der gängigen Alltagssprache entspricht, was vielleicht dazu führen mag, dass sich Leser über die eine oder andere wortschöpferische Eigenheit der Texte wundern. Aber ich habe alles wortgetreu so aufgeschrieben, wie es mir im Traum erschien. Und manchmal lag gerade in der vermeintlichen ›Sperrigkeit‹ eines Textes die Aufforderung, sich intensiv damit zu befassen.

Wie Traumtexte entstehen

Während ich mit den kurzen Texten aufwache, entstehen die längeren Traumtexte in einem Prozess, den ich in einer nächtlichen Traumarbeit so erarbeitete:

Wenn wir nachts wach liegen, geht es um eine Nachtwache, die Licht in unser unbewusstes Tun bringen soll, das uns am Leben hindert – und nicht darum zu schlafen.
Der Schlaf kommt nach getaner Arbeit durch den klaren Gedanken, der Befreiung gibt.

Es geht um konzentrierte Aufmerksamkeit und Suche, verbunden mit einem inneren Hören.

Es geht um deine Erfahrung. Es geht um die andere Seite des Lebens. Deine Art und Weise ist es. Du gehst auf die Suche, bis es zu fließen beginnt. Manchmal fließt es ganz von alleine. Dann wieder ist es ohne Kraft.

Es geht um die Suche nach einer Antwort auf Fragen, in der ich mich durch Fragen und Antworten einbringe. Ich bin aber nicht sehr fragend, höre ich öfters.
Und dann fange ich wieder an zu suchen Alles, was mich dabei belastet, dient dazu, mich umzulenken in meiner Suche.

Ich brauche ein zustimmendes Gefühl, um den Text aufnehmen und begreifen zu können. Wenn das Gefühl sich verdichtet, wie Wasser, das sich in einer Vertiefung sammelt, spüre ich Zustimmung, die Gedanken aufzuschreiben.

Das ist ein sehr diffiziler Vorgang. Er hat etwas Wechselvolles. Mal schreibe ich nur, ohne zu denken. Dann wieder muss ich ›ziehen‹ – die Gedanken ziehen, bis der Fluss kommt und mich wieder trägt wie ein Boot. Mein Boot ist die Gedankensuche, die Gefühle tragen es. Die Konzentration auf beides ist dabei sehr wichtig, um aus dem Kontakt mit dem Unbewussten mit dem Fluss aus der spirituellen Ebene verbunden zu bleiben.

Es ist eine tiefe Liebe nötig, um diesem Fluss zu folgen, damit er nicht versiegt

Ein Druck in der Wölbung des Fußes zeigt mir dann, dass ich weitergehen soll,

dass ich noch nicht am Ende der Suche bin. Dieser Druck fordert die weitere Bereitschaft an, sich neu zu konzentrieren, sich zu sammeln.

Müdigkeit ist ein Widerstand, den ich selbst überwinde. Das war in der ersten Zeit sehr schwer. Ich habe meine ganze Willenskraft und Liebe dazu gebraucht,

den Energiefluss aufrecht zu erhalten. Dabei denke und fühle ich mit und bin nicht etwa nur passiv.

Dann aber wieder kommt alles wie von alleine. Wenn ich zweifele, muss ich innehalten und den Zweifel auflösen. Das erfordert eine sehr feine Abstimmung zwischen Denken und Fühlen. Auch vom Körper gehen dazu Signale aus. Unangenehme Stiche in Händen und Beinen warnen mich.

Der Wille zur Genauigkeit kann dabei nicht erlahmen. Wenn der Fluss unterbrochen ist, muss ich ihn neu finden, um weitergehen zu können. Der Druck in der Fußwölbung nimmt dann wieder zu, um mir zu zeigen, dass ich weitergehen soll. Wenn es aber zur Neige geht, entspannen sich meine Gedanken und Gefühle und ich spüre, dass ich wieder schlafen kann.

Ich denke, die Gegenwart Gottes ist in solchen Stunden der Aufmerksamkeit besonders bewusst. Sie fordert unseren empfangenden und unseren kritischen Geist heraus und die Liebe zur genauen Wahrnehmung, um an die Substanz zu kommen.

Ich fühle mich dabei wie der Wanderer zwischen den zwei Welten.

›Lass es so‹ ist häufig der Schlusssatz. Dann weiß ich, dass es zur Neige geht.

Zu den Bildern in diesem Buch

Wenn ich nachts den Drang spüre zu malen, öffne ich mich dem Unbewussten. Ich folge dann nur feinsten Impulsen in meiner Hand und in meinen Gefühlen, die mich zu Linienführungen drängen, ohne dass ich weiß, wohin sie mich führen. Oft muss ich dabei die vorangegangenen Ansätze wieder völlig übermalen und bin dann schließlich völlig überrascht, wenn aus einer Vielzahl von vorläufigen Formen am Ende eine Gestalt entsteht, an die ich vorher überhaupt nicht gedacht hatte.

Über die Autorin

Ortrud Grön (Jg. 1925) hat jahrzehntelang psychotherapeutisch gearbeitet und umfangreiche interdisziplinäre Studien zum Thema Traum durchgeführt. Nach einer eigenen schweren seelischen Krise hat sie sich selbst an der Hand der eigenen Träume auf den Weg gemacht und vor 40 Jahren die Herz- und Kreislaufklinik Lauterbacher Mühle am Ostersee (Oberbayern) gegründet und aufgebaut, um Menschen in der Krise einer Krankheit einen Ort der Heilung zu geben. Viele psychotherapeutische Aus- und Fortbildungen sowie die ständige theoretische wie praktische Auseinandersetzung mit Träumen haben zu ihrem spezifischen Konzept der Traumarbeit beigetragen. 2002 gründete sie zusammen mit Ärzten, Wissenschaftlern und Therapeuten die Bayerische Akademie für Gesundheit Lauterbacher Mühle Osterseen e.V., an der unter anderem dieses Wissen in Fortbildungen weitergegeben wird. Ortrud Grön veranstaltet Seminare und hält Vorträge im In- und Ausland und gibt ihr Wissen in Rundfunk- und Fernsehbeiträgen weiter.

Ihr Grundlagenwerk zur Traumarbeit ist über den Buchhandel oder direkt beim Verlag zu beziehen: *Pflück dir den Traum vom Baum der Erkenntnis. Träume im Spiegel von Naturgesetzen – Ein Lehrbuch für die Arbeit mit Träumen*;
360 Seiten; zahlr. Abb . und Fotos; ISBN 978-3-89797-045-8

Einen Einblick in die Traumarbeit vermittelt anschaulich eine Doppel-DVD, die über den Verlag oder über die Regisseurin zu beziehen ist (rw@motion2media.de – www.heide-nullmeyer.de): *Dem Traum des Lebens auf der Spur. Träume als Gleichnis von Naturgesetzen verstehen – Grundlagen der Traumarbeit*; 2 DVD (45 und 100 min.)

Internet: www.bayerische-akademie.eu

Inhaltsverzeichnis

Einleitung	5
Traumtexte zu:	
1. *Sinnsuche*	11
2. *Zwiespalt*	17
3. *Freiheit*	23
4. *Lebensgestaltung und Kreativität*	29
5. *Liebe zu Wünschen*	33
6. *Wahrheit und Aggressionen*	41
7. *Ängste und ihre Wurzeln*	45
8. *Vitalität*	49
9. *Glück*	53
10. *Reine Welten*	57
Rückblick	64
Wie Traumtexte entstehen	66
Zu den Bildern in diesem Buch	69
Über die Autorin	70

2008 EHP – Verlag Andreas Kohlhage, Bergisch Gladbach
www.ehp.biz

Bibliografische Information der Deutschen Bibliothek
Die Deutsche Bibliothek verzeichnet diese Publikation in der
Deutschen Nationalbibliografie; detaillierte Daten sind im Internet
über http://dnb.ddb.de abrufbar.

Umschlagentwurf: Uwe Giese MarktTransparenz
– unter Verwendung eines Bildes der Autorin –

Gedruckt in der EU

Alle Rechte vorbehalten
All rights reserved. No part of this book may be reproduced or
transmitted in any form or by any means, electronic or mechanical,
including photocopying, recording or by any information storage and
retrieval system, without permission in writing from the publisher.

ISBN 978-3-89797-048-9